Heike Roland • Stefanie Thomas

Dekoträume

Liebevoll Genähtes für die ganze Wohnung

Dekoträume

Liebevoll Genähtes
für die ganze Wohnung

Lassen Sie sich inspirieren: Für jeden Raum in Haus und Wohnung haben wir liebevolle Deko-Ideen gestaltet, die Ihr Zuhause schöner machen.

So richtig zum Wohlfühlen lädt Ihr Zuhause ein: Sobald Sie zur Tür hereinkommen, schlüpfen Sie im Flur in bequeme Pantoffeln und werden von einem süßen Püppchen freundlich empfangen. In der Küche schwingt ein fröhlicher Koch bereits den Löffel und serviert.

Im Wohnzimmer laden gemütliche Sitzkissen und eine weiche Kuscheldecke zu entspannenden Stunden ein, und die blumige Lichterkette taucht Ihr Zimmer in wohliges Licht.

Im Bad gesellen sich zwei lustige Typen zu Ihnen, während Sie selbst ein Bad nehmen. Danach ab ins Schlafzimmer, wo bereits ein frecher Frosch mit Wärmflasche im Bauch auf Sie wartet.

Wir wünschen Ihnen viel Spaß beim Nähen und Dekorieren!

Flur

Ein schöner Flur ist das Aushänge-
schild jeder Wohnung. Hier heißt
man Gäste, Freunde und Familie
willkommen. Wie schön, wenn
dieser Raum dann mit liebevollen
Details individuell und persönlich
ausgestaltet ist. Dann fühlen sich
alle vom ersten Moment an bei
Ihnen wie zu Hause.

◆ Willkommens-Püppchen
◆ Schön und praktisch
◆ Bequeme Hausschuhe
◆ Blumenstecker „Giraffe"

Willkommens-Püppchen

→ ein freundlicher Empfang

GRÖSSE
ca. 42 cm

MATERIAL
- Baumwollstoff in Hautfarbe, 30 cm
- Baumwollstoff in Rosa-Weiß gestreift, 20 cm
- Baumwollstoff in Rosa mit weißen Tupfen, 10 cm
- Baumwollstoff in Weiß, 20 cm
- Lochstickerei-Borte in Weiß, 2,5 cm breit, 2x 32 cm
- Puppenhaare in Dunkelbraun, 14 cm x 25 cm
- Rocaille-Perlen in Weiß, Rosa und Rot
- Satinband in Apricot, 4 mm breit, 4x 25 cm
- Stickgarn in Schwarz
- Füllwatte
- Buntstift in Rot

**SCHNITT-
MUSTER-
BOGEN A
(SCHWARZ)**

Körper

1 Alle Teile gemäß Schnittmuster zuschneiden. Das Nasenteil rundherum mit Fransenstop einstreichen und trocknen lassen. Je zwei Ohrenteile r-a-r zusammennähen. Die gerade Seite offen lassen und die Ohren wenden. Die beiden Seiten der Ohren jeweils zur Mitte schlagen und mit ein paar Stichen fixieren.

2 Je zwei Armteile r-a-r zusammennähen. Dabei die Wendeöffnung nicht schließen und die Arme durch diese wenden. Je zwei Körper-Kopf-Teile r-a-r zusammensteppen und dabei die Ohren an den markierten Stellen am Kopf mitfassen. Dafür die Ohren zwischen die beiden Kopfteile legen und darauf achten, dass die Ohrmuscheln in die richtige Richtung zeigen. Den Körper unten offen lassen und durch diese Öffnung wenden. Die Beine r-a-r bis auf die Wendeöffnung zusammennähen und wenden.

3 Alle Teile mit Füllwatte stopfen. Die Ntzg des Körpers nach innen einschlagen, die Beine von unten in den Körper schieben und die Naht schließen. Dabei die Beine mitfassen. Die Arme mit Matratzenstich schließen und an den Körper nähen. Hierfür einen reißfesten Faden an der Innenseite eines Arms befestigen. Mit einer langen Nadel zuerst durch den Arm auf die Außenseite, dann durch den Arm und den Körper stechen. Den zweiten Arm von der Innen- auf die Außenseite durchstechen und anschließend wieder von außen durch den Arm und den Körper. Den Faden fest anziehen und damit die Schultern etwas zusammenziehen.

4 Das Gesicht gemäß Abbildung aufsticken. Die Nase gemäß Markierung einkräuseln, leicht ausstopfen und mit Matratzenstich auf das Gesicht nähen. Die Haare mittig mit ein paar Stichen auf dem Kopf befestigen und mit dem Satinband zu Zöpfen binden. Die Bäckchen mit rotem Buntstift aufmalen.

Kleidung

1 Alle Teile gemäß Schnittmuster zuschneiden. Für die Bluse die Ntzg des Ärmel-Rüschenstreifens an einer Längsseite versäubern, nach innen schlagen und feststeppen. Die zweite Längsseite entsprechend der Breite der Ärmelkante einkräuseln. Die Rüsche r-a-r auf die untere Ärmelkante stecken und annähen. Die oberen Kanten der unteren Blusenteile auf die Breite der oberen Blusenteile einkräuseln. Die oberen und unteren Blusenteile r-a-r zusammenstecken und feststeppen. Die Ntzg in die oberen Blusenteile legen und feststeppen.

2 Die beiden Rückenteile an der Schulter r-a-r auf das Vorderteil nähen. Ebenso an den Belegteilen die Schulternaht r-a-r schließen. Den Beleg r-a-r auf die Halsausschnittkante nähen, nach innen legen und knappkantig feststeppen. Die Ärmel r-a-r in die Armausschnitte einpassen. Die Ärmel- und Seitennähte r-a-r schließen. Die Ntzg am unteren Rand des unteren Blusenteils versäubern, nach innen schlagen und feststeppen.

3 Für die Hose die Ntzg an den oberen und unteren Säumen nach innen schlagen und feststeppen. Je zwei Hosenteile r-a-r an den Seitennähten zusammennähen. Ein Hosenbein wenden und so in das andere Hosenbein schieben, dass die Hosenmittelnähte übereinanderliegen. Diese schließen und die Hose wenden. Die Hose anzie-

WEITERFÜHRUNG
Willkommens-
Püppchen

hen und mit ein paar Stichen an der Puppe befestigen.

4   Für den Rock die Ntzg der beiden Rockteile am oberen Saum nach innen schlagen und feststeppen. Die beiden Borten-Stücke am oberen Rand auf die Breite der unteren Kante der Rockteile einkräuseln, r-a-r auf die Rockteile stecken und annähen. Die Ntzg nach oben legen und im Rockteil feststeppen. Die beiden Rockteile r-a-r zusammenlegen und die Seitennähte schließen. Den Rock wenden und über die Hose ziehen.

5   Die Bluse anziehen, die Ntzg der rückwärtigen Mitte nach innen schlagen und die Mittelnaht mit Matratzenstich schließen.

6   Für die Schuhe das Belegteil r-a-r auf die obere Schuhkante nähen, nach innen legen und knappkantig feststeppen. Die Schuhe am Stoffbruch entlang r-a-r zusammenlegen und die untere und vordere Naht steppen. Die Schuhe wenden und je ein Satinband als Schleife anbringen.

7   Aus den Rocaille-Perlen eine ca. 30 cm lange Kette fädeln und dem Püppchen umhängen.

Schön und praktisch
→ Stoffbezug für einen Korb

GRÖSSE
Korb 20 cm x 31 cm x 31 cm

MATERIAL
◆ Baumwollstoff in Weiß mit blauen Tupfen-Blümchen, 55 cm

◆ Baumwollstoff in Blau mit weißen Kringeln, 14 cm

◆ Pompon-Borte in Weiß, 126 cm

◆ Korb, 20 cm x 31 cm x 31 cm

1   Für den Boden ein Quadrat 33 cm x 33 cm (inkl. 1 cm Ntzg), für die Seite einen Streifen 126 cm x 22 cm (inkl. 1 cm Ntzg) und für den Rand einen Streifen 126 cm x 14 cm (inkl. 1 cm Ntzg) zuschneiden.

2   Den Seitenstreifen der Länge nach links auf links zusammenlegen (rechte Seite liegt außen) und die Kante bügeln. Die offene Längsseite innerhalb der Ntzg zusammennähen, damit nichts verrutschen kann. Die Pompon-Borte so auf die gebügelte Kante steppen, dass die Pompons frei hängen. Den Randstreifen r-a-r an eine Längsseite des Seitenstreifens nähen. Die Ntzg in Richtung Seitenstreifen bügeln und knappkantig feststeppen.

3   Den Seitenstreifen r-a-r rund um das Bodenquadrat nähen und die offene Seitenkante ebenfalls r-a-r zusammensteppen. Den Korbbezug in den Korb legen und den Randstreifen über den Rand des Korbes nach außen umschlagen.

Tipp
Verfahren Sie folgendermaßen, wenn Sie einen Korb mit anderen Maßen benähen möchten: Den Boden des Korbes ausmessen und Stoff entsprechend (+ 1 cm Ntzg rundherum) zuschneiden. Für den Seitenstreifen brauchen Sie den Umfang Ihres Korbes und die Höhe. Diese beiden Maße ergeben (+ 1 cm Ntzg rundherum) die Größe des Seitenstreifens. Der Randstreifen hat die gleiche Länge wie der Seitenstreifen. Die Höhe des Randstreifens können Sie beliebig wählen. Empfehlenswert ist ca. ¹/₃ der Höhe des Korbes (+ 1 cm Ntzg oben und unten). Nähen Sie den Korb wie oben beschrieben.

Bequeme Hausschuhe

→ nicht nur für Gäste

GRÖSSE
37-39

MATERIAL
◆ Baumwollstoff in
Weiß bzw. Weiß-Rosa
gemustert, 15 cm
◆ Baumwollstoff in
Weiß-Rosa bzw. Weiß-
Rosa-Rot gemustert,
20 cm
◆ Schrägband in Rot
bzw. Rosa getupft,
1,65 m
◆ Volumenvlies H 630
(zum Aufbügeln),
100 cm breit, 20 cm
◆ Vliesofix,
100 cm breit, 20 cm

**SCHNITT-
MUSTER-
BOGEN A
(PINK)**

1 Aus dem Baumwollstoff für die Sohlen zwei Streifen mit je 60 cm Länge und aus dem Baumwollstoff für die oberen Schuhteile zwei Streifen mit je 40 cm Länge zuschneiden. Jeweils auf die Rückseite des einen Streifens für die Sohlen einen passenden Streifen Volumenvlies, auf die Rückseite des anderen einen passenden Streifen Vliesofix bügeln. Mit den Streifen für die oberen Schuhteile genauso verfahren.

2 Die beiden mit Vliesofix verstärkten Stoffstreifen auf die entsprechenden mit Volumenvlies verstärkten Streifen bügeln, die Stoffseiten liegen dabei außen. Alle Teile gemäß Schnittmuster zuschneiden, dabei die Angaben für die Ntzg beachten.

3 Die Abschlusskante der beiden oberen Schuhteile mit Schrägband einfassen. Die oberen Schuhteile mit Stecknadeln an die Sohle stecken. Dafür jeweils an der Markierung in der Mitte der Schuhteile beginnen und zu den beiden Seiten hin arbeiten. Ca. 0,5 cm vom Rand entfernt zusammensteppen. Die komplette Schuhsohle mit Schrägband einfassen, dabei hinten in der Mitte beginnen und beachten, dass der Anfang des Schrägbandes ca. 1 cm nach innen eingeschlagen festgesteppt wird.

Tipp

Möchten Sie eine etwas stabilere Sohle für Ihre Hausschuhe? Dann verwenden Sie für die Unterseite der Sohle einen festen Filz oder bestreichen Sie nach der Fertigstellung Ihrer Hausschuhe die Unterseite der Sohle mit flüssigem Kautschuk.

Blumenstecker „Giraffe"

→ originelle Dekoration

GRÖSSE
ca. 25 cm

MATERIAL
- Baumwollstoff in Gelb, 25 cm
- Baumwollstoff in Weiß, Rest
- Fransenborte in Braun, 2,5 cm breit, 12 cm und 6 cm
- 2 Knöpfe in Braun, ø 6 mm
- Schaschlikspieß, 2x 4 cm
- 2 Holzperlen in Tropfenform in Natur
- Stickgarn in Dunkelbraun
- Buntstift in Braun und Rot
- UHU Alleskleber
- Füllwatte
- Rundholz, ø 10 mm, ca. 35 cm lang

SCHNITTMUSTER-BOGEN A (BRAUN)

1 Alle Teile gemäß Schnittmuster zuschneiden. Mit Buntstift die Flecken gemäß Schnittmuster und Abbildung auf die Hals- und Kopfteile malen. Die beiden rückwärtigen Halsteile r-a-r zusammennähen. Dabei das längere Stück Fransenborte gemäß Markierungen einsetzen. Darauf achten, dass die Fransenborte dabei zwischen den beiden Halsteilen liegt und nach innen zeigt. Die beiden Halsteile r-a-r bis auf die Wendeöffnung zusammennähen. Den Hals wenden und stopfen, dabei das Rundholz mit in den Hals schieben und nach und nach mit Füllwatte ummanteln.

2 Die untere Halskante einkräuseln und zusammenziehen. Dabei die Ntzg nach innen schlagen, den Faden befestigen und vernähen. Die rückwärtige Kopfnaht r-a-r bis auf die Wendeöffnung schließen und dabei das kurze Stück Fransenborte gemäß Markierungen mitfassen. Dafür wie beim Hals beschrieben verfahren.

3 Das Schnauzenteil r-a-r an das vordere Kopfteil nähen. Je zwei Ohrteile r-a-r bis auf die Wendeöffnung zusammensteppen und wenden. Die Ohren an der unteren Kante mittig zusammenfalten und innerhalb der Ntzg feststeppen. Das vordere und hintere Kopfteil r-a-r zusammennähen und dabei gemäß Markierung die Ohren mitfassen. Die Ohren liegen dabei zwischen den beiden Kopfteilen und zeigen nach innen. Den Kopf wenden und vorsichtig mit Füllwatte stopfen.

4 Die Augen und den Mund aufsticken und die Knöpfe als Nasenlöcher aufnähen. Die Tropfenperlen auf die Schaschlikspießteile stecken und festkleben. Mit einer Stopf- oder Stricknadel vorsichtig gemäß Schnittmuster Löcher für die Schaschlikspieße vorbohren und diese in den Kopf kleben. Den Kopf mit Matratzenstich so auf dem Hals befestigen, dass die Fransenborte eine fortlaufende Linie bildet.

Küche und Esszimmer sind fast überall die beliebtesten Räume im Haus. Denn wo gegessen und gekocht wird, wo der Duft von leckeren Speisen lockt, fühlt man sich einfach wohl. Hier sitzen Jung und Alt stundenlang zusammen, lachen, plaudern und genießen. Wie es noch gemütlicher wird, zeigen Ihnen die selbst genähten Accessoires in diesem Kapitel.

◆ Tasche mit Blumenapplikation
◆ Herziger Tischläufer
◆ Dekorative Hühner
◆ Elsa, die Kuh
◆ Gustav, der Koch
◆ Hübsche Regal-Borte

Tasche mit Blumenapplikation

→ **zum Einkaufen und Shoppen**

GRÖSSE

ca. 40 cm x 43 cm (ohne Träger)

MATERIAL

- Baumwollstoff in Weiß, 30 cm
- Baumwollstoff in Rosa-Weiß kariert, 25 cm
- Baumwollstoff in Rosa, 15 cm
- Baumwollstoff in Grün-Weiß gestreift, Rest
- Volumenvlies H 630 (zum Aufbügeln), 15 cm
- Knopf in Weiß, ø 18 mm
- 2 Knöpfe in Pink, ø 20 mm
- Stickgarn in Weiß und Grün

SCHNITTMUSTER-BOGEN A (LILA)

1 Alle Teile gemäß Schnittmuster mit Ntzg und zusätzlich die Teile der Blumen und Blätter je 1x aus Volumenvlies ohne Ntzg zuschneiden. Aus dem Baumwollstoff in Rosa-Weiß kariert 2x 42 cm x 5,5 cm (Außenseite Träger) und 2x 42 cm x 10 cm (unterer Taschenstreifen) und aus dem Baumwollstoff in Weiß 2x 42 cm x 5,5 cm (Innenseite Träger) (alle Maße inkl. 1 cm Ntzg) zuschneiden.

2 Die Volumenvliesteile mittig auf die eine Hälfte der Blütenkreise und Blätter bügeln. Die andere Hälfte für die Wendeöffnungen mittig ca. 3 cm lang einschneiden. Jeweils ein Blütenteil mit und ohne Volumenvlies r-a-r rundherum zusammennähen und durch die Wendeöffnung wenden. Die Wendeöffnungen mit Spannstichen schließen. Die Blütenstiele mit Stielstich gemäß Schnittmuster auf das Vorderteil der Tasche sticken. Die Blätter mit weißem Stickgarn im Blattaderverlauf auf der Tasche fixieren. Die Blütenkreise gemäß Abbildung übereinanderlegen und mit je einem Knopf durch alle Lagen hindurch auf der Tasche befestigen.

3 Die Taschenstreifen oben und unten jeweils r-a-r an das Vorder- bzw. Rückenteil nähen. Die Ntzg in den weißen Stoff bügeln und absteppen. Die beiden Taschenteile r-a-r bis auf die obere Taschenöffnung zusammennähen. Die Ntzg der oberen Kante der Taschenöffnung versäubern und gemäß Schnittmuster entlang der Umbruchlinie nach innen schlagen und bügeln.

4 Für die Träger jeweils einen weißen und einen rosa-weiß karierten Streifen bis auf eine Wendeöffnung an einer schmalen Seite zusammensteppen und wenden. Die Nähte gut bügeln. Dabei die Ntzg der Wendeöffnung nach innen schlagen. Die Träger rundherum absteppen. Den umgebügelten Umschlag an der oberen Taschenkante wieder nach außen klappen und die Träger gemäß Schnittmuster aufsteppen. Dabei zeigen die Träger in Richtung Tascheninnenseite. Darauf achten, dass die Träger nicht verdreht aufgenäht werden. Den Umschlag wieder nach innen schlagen und danach unterhalb der Träger rundherum feststeppen.

Herziger Tischläufer

→ mit passenden Servietten

GRÖSSE
ca. 38 cm x 146 cm

MATERIAL
LÄUFER
- Baumwollstoff in Weiß mit roten und rosafarbenen Streifen, 50 cm
- Baumwollstoff in Rot meliert, 25 cm
- Baumwollstoff in Weiß mit roten Tupfen, 15 cm
- Baumwollstoff in Rosa-Weiß kariert, Rest
- Schrägband in Rosa, 2x 40 cm
- Zackenlitze in Rosa, 2x 40 cm
- Vliesofix, 15 cm
- Stickgarn in Rot

SERVIETTEN
- Baumwollstoff in Weiß mit roten und rosafarbenen Streifen, 40 cm x 40 cm
- Baumwollstoff in Rot meliert, 40 cm x 40 cm
- Baumwollstoff in Weiß mit roten Tupfen, Rest
- Vliesofix, Rest

SCHNITTMUSTERBOGEN A
(HELLBLAU)

1 Die Teile für die Applikation gemäß Schnittmuster zuschneiden (4x kleines Herz in Rosa-Weiß kariert und in Weiß mit roten Tupfen, 2x großes Herz in Weiß mit roten Tupfen und 2x Mini-Herz in Rosa-Weiß kariert). Dabei die Hinweise auf S. 58/59 beachten. Für den Tischläufer aus Baumwollstoff in Weiß gestreift 1x 107 cm x 50 cm und aus Baumwollstoff in Rot meliert 2x 50 cm x 22,5 cm zuschneiden. Die Herzen gemäß Schnittmuster applizieren und mit Stickgarn im Spannstich gemäß Abbildung verzieren.

2 Die beiden kleinen Läuferteile mit den applizierten Herzen r-a-r an die kurzen Seiten des großen Läuferteils nähen. Die Ntzg versäubern, in Richtung Läufermitte legen und feststeppen. Die Zackenlitze ca. 1 cm von der Naht entfernt aufsteppen. Die Kanten der beiden kurzen Seiten des Läufers mit Schrägband versäubern. Dafür die Hinweise auf S. 58 beachten. Die Kanten der langen Läufer-Seiten mit einem einfachen Saum versäubern.

3 Für die Servietten alle Kanten mit einem einfachen Saum versehen. Das Herz gemäß Abbildung applizieren.

Tipp
Sie können die Länge des Läufers ganz einfach an ihren Tisch anpassen, indem Sie das mittlere Läuferteil entsprechend kürzen oder verlängern. Die Servietten lassen sich aus Resten farblich passender Stoffe nach eigenen Ideen nähen und verzieren.

GRÖSSE

Huhn Dekogirlande ca. 26 cm
Dekofiguren ca. 9 cm bzw. 18 cm

MATERIAL
DEKOGIRLANDE

- Baumwollstoff in Natur, 15 cm
- Baumwollstoff in Gelb-Weiß gestreift, Rest
- Baumwollstoff in Orange, Rest
- Baumwollstoff in Gelb, Rest
- Volumenvlies H 630 (zum Aufbügeln), 15 cm
- Stickgarn in Dunkelbraun
- 2 Knöpfe in Weiß, ø 6 mm
- Satinband in Rot mit weißen Tupfen, 1 cm breit, 1 m
- Satinkordel in Weiß, 4 mm breit, 2x 10 cm
- Holz-Herz in Rot, 12 mm
- Füllwatte, Rest
- Heißkleber

DEKOFIGUREN

- Baumwollstoff in Natur, Rest
- Baumwollstoff in Gelb-Natur kariert, Rest
- Baumwollstoff in Gelb, Rest
- Baumwollstoff in Orange, Rest
- Volumenvlies H 630 (zum Aufbügeln), Rest
- 2 Knöpfe in Natur, ø 6 mm
- Holz-Herz in Rot, 12 mm
- Mütze aus Kunststoff, 4 cm
- Stickgarn in Dunkelbraun
- Füllwatte
- Granulat
- Heißkleber

SCHNITTMUSTER-
BOGEN A (ORANGE
UND DUNKELBLAU)

Dekorative Hühner

→ einfach zum Verlieben

Dekogirlande

1 Alle Teile gemäß Schnittmuster zuschneiden. Dabei beachten, dass die Teile aus Volumenvlies ohne Ntzg zugeschnitten werden. Die Teile aus Volumenvlies jeweils mittig auf ein Eier- und Schnabelteil und die Rückseite des Huhns bügeln. Je zwei Eierteile r-a-r bis auf die Wendeöffnung zusammennähen, wenden und die Öffnung mit Matratzenstich schließen. Den Eierdotter rundherum einkräuseln, nur leicht zusammenziehen und mit etwas Füllwatte gestopft mit Matratzenstich auf dem Spiegelei befestigen. Je zwei Schnabelteile r-a-r bis auf die Wendeöffnung zusammennähen, wenden und die Öffnung mit Matratzenstich schließen.

2 Für die Füße jeweils zwei Teile r-a-r bis auf die Wendeöffnung zusammennähen und wenden. Die Kordelstücke in die Öffnung schieben und dabei die Ntzg nach innen schieben. Die Öffnung knappkantig zusammensteppen und dabei die Kordel mitfassen. Die beiden Vorderteile des Huhns r-a-r bis auf die Wendeöffnung zusammennähen und dabei die Kordelenden der Beine mitfassen. Dafür die Hinweise auf S. 60/61 beachten.

3 Den Schnabel mit den beiden Knöpfen am Kopf des Huhns befestigen und die Augen aufsticken. Die Haare anbringen. Dafür drei ca. 10 cm lange Fäden einziehen und die Enden mehrfach miteinander verknoten. Auf die gewünschte Länge kürzen. Das Herz auf den Bauch des Huhns und die Figuren gemäß Abbildung auf dem Satinband anbringen.

Dekofiguren

1 Alle Teile gemäß Schnittmuster mit Ntzg und je ein Schnabelteil aus Volumenvlies ohne Ntzg zuschneiden. Die Schnabelteile aus Volumenvlies jeweils mittig auf ein Schnabelteil bügeln. Beim großen Huhn die Bauchteile r-a-r an die Kopfteile nähen.

2 Bei beiden Hühnern die beiden Körperteile r-a-r bis auf die untere Kante (Bodeneinsatzkante) zusammennähen. Die Bodenplatte r-a-r einsetzen und bis auf die Wendeöffnung schließen. Die Hühner wenden und im Kopfbereich mit Füllwatte, im unteren Bereich mit Granulat füllen. Die Öffnung mit Matratzenstich schließen.

3 Je zwei Schnabelteile r-a-r bis auf die Wendeöffnung zusammennähen, wenden und die Öffnung mit Matratzenstich schließen. Beim großen Huhn den Schnabel mit den Knöpfen, beim kleinen Huhn mit zwei Stichen mit braunem Stickgarn am Kopf befestigen. Die Augen aufsticken und beim großen Huhn die Haare wie bei der Hühnergirlande beschrieben einziehen. Das Herz auf dem Bauch des großen Huhns und die Mütze auf dem Kopf des kleinen Huhns anbringen.

Elsa, die Kuh

→ rundum gemütlich

GRÖSSE
ca. 46 cm

MATERIAL
- Baumwollstoff in Weiß, 30 cm
- Baumwollstoff in Altrosa, Rest
- Baumwollstoff in Grau-Braun meliert, 10 cm
- Baumwollstoff, in Grün-Rot-Weiß kariert, Rest
- Baumwollfleece in Natur, Rest
- 3 Herzknöpfe in Dunkelrot, 1 cm
- Blumenknopf in Weiß, ø 13 mm
- Fransenborte in Schwarz, 5 cm breit, 5 cm
- Füllwatte
- Granulat
- Stickgarn in Dunkelbraun
- Volumenvlies H 630 (zum Aufbügeln), Rest
- Permanentmarker in Schwarz

SCHNITTMUSTER-BOGEN A (ROT)

1 Alle Teile gemäß Schnittmuster mit Ntzg und ein Schnauzenteil aus Volumenvlies ohne Ntzg zuschneiden. Das Halstuch ausfransen. Die Flecken gemäß Abbildung aufmalen und gut trocknen lassen. Je zwei Ohrteile r-a-r zusammennähen und wenden. 1x die rechte und 1x die linke Seite der unteren Ohr-Kante ca. 1/3 umschlagen und innerhalb der Ntzg feststeppen. Für die Hörner je zwei Teile r-a-r bis auf die Wendeöffnung zusammennähen und wenden.

2 Für die Schnauze das Volumenvlies-Teil mittig auf ein Schnauzenteil bügeln. Beide Schnauzenteile r-a-r zusammennähen. Die Schnauze wenden und die Öffnung mit Matratzenstich schließen. Zwei Herzknöpfe annähen und den Mund aufsticken. Je ein Hufteil an ein Arm- bzw. Beinteil nähen, je zwei Armteile bzw. Beinteile r-a-r bis auf die Wendeöffnung zusammensteppen und wenden. Die Arme und Beine im Hufteil mit etwas Granulat füllen und danach mit Füllwatte stopfen. Die Öffnung mit Matratzenstich schließen. Den Schwanz entlang des Stoffbruches r-a-r zusammenlegen und rundherum bis auf eine schmale Seite zusammensteppen, dabei die doppelt gelegte Fransenborte mitfassen. Darauf achten, dass die Borte innen an der schmalen Seite liegt. Den Schwanz wenden und mit etwas Granulat füllen, dabei nicht zu fest stopfen. Die Ntzg nach innen schlagen und die Schwanzöffnung zusammensteppen.

3 Die beiden Körperteile r-a-r zusammennähen und dabei die Ohren und Hörner gemäß Schnittmuster mitfassen. Die Sitzfläche einpassen, dabei die Beine mitfassen und bis auf die Wendeöffnung zusammensteppen. Den Körper wenden, mit Füllwatte stopfen und im Sitzbereich etwas Granulat einfüllen. Die Wendeöffnung mit Matratzenstich schließen. Den Schwanz mit dem dritten Herzknopf annähen. Die Arme wie beim Willkommens-Püppchen auf S. 6 beschrieben befestigen. Die Schnauze mit Matratzenstich annähen und die Augen aufsticken. Für die Haare drei ca. 5 cm lange Fäden nebeneinander in den Kopf ziehen und jeweils mit ca. 4-5 Knoten versehen. Die Haare auf die gewünschte Länge schneiden. Das Halstuch umbinden und den Knopf annähen.

Gustav, der Koch

→ schwingt den Kochlöffel

GRÖSSE
ca. 42 cm

MATERIAL
◆ Baumwollstoff in
  Hautfarbe, 30 cm
◆ Baumwollstoff in Weiß, 25 cm
◆ Baumwollstoff in Schwarz-
  Grau gestreift, 10 cm
◆ Baumwollstoff in
  Grau meliert, Rest
◆ 5 Knöpfe in Schwarz,
  ø 6 mm
◆ Stickgarn in Schwarz

**SCHNITTMUSTER-
BOGEN A + B
(HELLBRAUN)**

Körper

Alle Teile für die Koch-Puppe wie beim Willkommens-Püppchen auf S. 6 beschrieben
zuschneiden und nähen. Bei den Beinen werden jedoch die Schuhe gleich angenäht. Dafür
an den Schuhen die vordere Mittelnaht r-a-r
schließen. Danach die Schuhe r-a-r an die
Beine nähen. Die Beine rundherum bis auf die
Wendeöffnung zusammennähen und wenden.

Kleidung

1   Alle Teile gemäß Schnittmuster zuschneiden. Für den Kittel die beiden Vorderteile an
der Schulter r-a-r auf das Rückenteil nähen.
Ebenso an den Belegteilen die Schulternähte
r-a-r schließen. Den Beleg r-a-r auf die Halsausschnittkante nähen, nach innen legen und
knappkantig feststeppen. Die Ärmel r-a-r in
die Armausschnitte einpassen. Die Ntzg der
unteren Ärmelkanten versäubern, nach innen
schlagen und feststeppen. Die Ärmel- und Seitennähte schließen. Die Ntzg der unteren Kit-
telkante versäubern, nach innen schlagen und
ebenfalls feststeppen. Die Ntzg an der vorderen Kante des rechten Kittelteils nach innen
schlagen und feststeppen. Den Kittel anziehen,
die Kittel-Kanten übereinanderlegen (rechts
über links) und durch das Annähen der Knöpfe
den Mantel schließen.

2   Für die Kochmütze das obere Mützen-
teil an der Unterkante entsprechend der
Markierungen auf dem Schnittmuster in
Falten legen und die Falten innerhalb der
Ntzg feststeppen. Die Ntzg einer Längsseite
am unteren Mützenteil nach innen schlagen
und feststeppen. Die in Falten gelegte Kante
des oberen Mützenteils r-a-r an die andere
Längsseite des unteren Mützenteils steppen.
Die Ntzg nach unten legen und feststeppen.
Die Seitennaht r-a-r schließen. Die obere
Kante des oberen Mützenteils einkräuseln
und mit Hilfe des Fadens soweit zusammen-
ziehen, dass die Mütze geschlossen ist. Den
Faden verknoten und die Mütze wenden.
Die Mütze mit ein paar Stichen von Hand
am Kopf fixieren.

Hübsche Regal-Borte

→ peppt schlichte Möbel auf

1 Alle Teile gemäß Schnittmuster zuschneiden. Für den Bortenstreifen 2x 120 cm x 5 cm zuschneiden. Auf die rechte Seite eines Bortenstreifens mittig die Zackenlitze aufsteppen.

2 Auf ein weißes Bogenteil den Blumenstiel und die Blätter gemäß Vorlage im Stiel- bzw. Plattstich aufsticken. Dann jeweils zwei gleiche Bogenteile bis auf die Wendeöffnung r-a-r zusammennähen und die Ntzg auf ca. 0,5 cm kürzen. Die Bogenteile wenden und die Rundungen gut bügeln.

3 Die Bogenteile r-a-r so auf einen der Bortenstreifen nähen, dass die geraden Kanten übereinanderliegen. Dabei darauf achten, dass die beiden Seiten-Bogenteile außen liegen und alle Bogenteile eng aneinanderliegend festgesteppt werden.

4 Den zweiten Bortenstreifen r-a-r von der anderen Seite so dagegennähen, dass die Bogenteile zwischen den beiden Bortenstreifen liegen und sich die beiden Bortenstreifen und Steppnähte übereinander befinden. Die kurzen Seiten der Bortenstreifen ebenfalls zusammennähen und die Borte wenden. Die obere (= offene) Kante innerhalb der Ntzg zusammensteppen und mit Schrägband einfassen. Dabei die Enden des Schrägbandes nach innen schlagen. Den Knopf auf dem mittleren Bogenteil annähen.

Tipp

Durch Einfügen eines oder mehrerer Bogenteile können Sie die Regal-Borte beliebig verlängern.

Wohnzimmer

Feierabend! Jetzt versammelt sich die Familie im Wohnzimmer. Die Großen legen sich gemütlich unter eine weiche Schmusedecke aufs Sofa und die Kleinen kuscheln sich auf ein großes Sitzkissen. In diesem Raum ist Wohnlichkeit Trumpf. Dazu gehören neben lustigen Sofakissen auch niedliche Fensterdekorationen und behagliche Lichterketten, die sich allesamt selbst nähen lassen. Sehen Sie selbst!

- ◆ Gemütliches Sitzkissen
- ◆ Kuscheldecke
- ◆ Sofakissen
- ◆ Flotter Flattermann
- ◆ Melissa, das Blumenmädchen
- ◆ Schweinchen Friedel
- ◆ Blüten-Lichterkette
- ◆ Wimpel-Girlande

Gemütliches Sitzkissen

→ mit Schaf-Design

GRÖSSE
ca. 1,20 m x 1,35 m

MATERIAL
- Baumwollstoff in Hellblau-Weiß kariert, 50 cm
- Baumwollstoff in Hellgrün, 25 cm
- Baumwollstoff in Weiß mit bunten Blumen, 30 cm
- Baumwollstoff in Hellblau-Weiß gestreift, 20 cm
- Baumwollstoff in Weiß, 15 cm
- Baumwollstoff in Rosa, 15 cm
- Baumwollstoff in Hautfarbe, 10 cm
- Nicki-Stoff in Hellrosa, Rest
- Baumwoll-Fleece in Weiß, 25 cm
- Fleece in Dunkelblau (Kissenrückseite), 130 cm
- fester Baumwollstoff in Weiß (Innenkissen), 260 cm
- Vliesofix, 25 cm
- Zackenlitze in Weiß, 75 cm und in Pink, 2x 75 cm
- Webband mit rosafarbenen Blümchen, 1 cm breit, 125 cm
- Schrägband in Rosa-Weiß kariert, 125 cm
- Stickgarn in Rosa, Grün und Schwarz
- 3 kg Styropor-Granulat
- Bettwäsche-Reißverschluss, 120 cm

SCHNITTMUSTER-BOGEN B (SCHWARZ)

1 Alle Teile für Schafe, Blumen und das obere Kissenteil gemäß Schnittmuster zuschneiden. Dabei für die Applikationen die Hinweise auf S. 58/59 beachten. Die Ohren der Schafe werden nicht appliziert. Die Baumwollstoffe zu Streifen mit folgenden Maßen zuschneiden (alle Maße inkl. Ntzg): Hellgrün 1x 122 cm x 22 cm, Weiß mit bunten Blumen 2x 27 cm x 72 cm, Hellblau-Weiß gestreift 2x 17 cm x 72 cm, Weiß 2x 12 cm x 72 cm und Rosa 1x 12 cm x 72 cm und 2x 7 cm x 72 cm.

2 Die weiße Zackenlitze mittig auf den breiten rosafarbenen Streifen und die pinkfarbene Zackenlitze auf die weißen Streifen nähen. Das Webband mit rosafarbenen Blümchen 5 cm vom oberen Rand und das karierte Schrägband 10 cm vom unteren Rand des hellgrünen Streifens aufsteppen. Alle 70 cm langen Streifen der Länge nach jeweils r-a-r zu einem großen Rechteck gemäß Schema zusammennähen. Die Ntzg knappkantig feststeppen. Den hellgrünen Streifen r-a-r an eine lange Seite des Rechteckes nähen. Die Ntzg ebenfalls feststeppen. Für die Ohren der Schafe jeweils zwei Teile r-a-r bis auf die Wendeöffnung zusammennähen und die Ohren wenden (Hinweis auf S. 60/61 beachten).

3 Für die Applikationen auf dem oberen Kissenteil nach und nach die Teile gemäß Schnittmuster aufbügeln. Dabei mit den oberen Teilen der Blume und den Bäuchen der Schafe beginnen. Die Ohren mittig zusammenfalten und mit ein paar Stichen gemäß Vorlage auf dem oberen Kissenteil fixieren. Danach die unteren Blumenteile und die Schafköpfe aufbügeln. Alle aufgebügelten Teile mit Zick-Zack-Stich applizieren. Die Gesichter der Schafe und die Blumenstiele und -verzierungen im Stielstich bzw. Knötchenstich aufsticken. Das obere Kissenteil r-a-r an den grünen Streifen nähen und die Ntzg absteppen.

4 Den festen Baumwollstoff für das Innenkissen r-a-r doppelt legen, das vordere Kissenteil darauflegen und mit Bleistift den Rand nachfahren. Entlang der Linie die beiden Lagen Stoff zuschneiden und anschließend rundherum bis auf eine ca. 25 cm große Wendeöffnung an der unteren Kante zusammensteppen. Das vordere Kissenteil r-a-r auf den dunkelblauen Fleece legen, mit Stecknadeln feststecken und die beiden Stoffe zusammennähen. Dabei die untere Kante als Wendeöffnung offen lassen. Den überstehenden Fleecestoff abschneiden und die Kanten versäubern. Den Reißverschluss in die Wendeöffnung einsetzen. Die beiden Kissen wenden. Das Innenkissen mit dem Styropor-Granulat füllen und die Öffnung zustepppen. Das Innenkissen in die Kissenhülle stecken und den Reißverschluss schließen.

Kuscheldecke

→ für gemütliche Stunden

GRÖSSE
ca. 1,15 m x 1,75 m

MATERIAL
- Baumwollstoff (1) in Rosa, 40 cm
- Baumwollstoff (2) in Weiß mit roten Tupfen, 40 cm
- Baumwollstoff (3) in Weiß mit roten und rosafarbenen Streifen, 40 cm
- Baumwollstoff (4) in Weiß mit Blümchen in Kringeln, 40 cm
- Baumwollstoff (5) in Grün-Weiß kariert, 40 cm
- Baumwollstoff (6) in Rosa-Weiß gestreift, 40 cm
- Baumwollstoff in Hellgrün, 30 cm x 30 cm
- Baumwollstoff in Braun mit weiß-rosafarbenen Kringeln, Rest
- Baumwollstoff in Rosa-Weiß kariert, Rest
- Baumwollstoff in Pink, Rest
- Baumwoll-Fleece in Weiß (Rückseite Decke), 1,80 m
- Zackenlitze in Rosa, 1,15 m und in Weiß, 40 cm
- Schrägband in Rosa mit roten Tupfen, 5,90 m
- Stickgarn in Weiß, Rosa und Dunkelrot

SCHNITTMUSTER-BOGEN B (PINK)

1 Alle Teile für die Applikationen (die beiden Muffins und die runde hellgrüne Fläche für die „Home Sweet Home"-Stickerei) gemäß Schnittmuster ohne Ntzg zuschneiden. Dafür die Hinweise auf S. 58/59 beachten. Die Baumwollstoffe folgendermaßen zuschneiden (alle Maße inkl. 1 cm Ntzg): Rosa 2x 37 cm x 37 cm, Weiß mit roten Tupfen 3x 37 cm x 37 cm und 2x 37 cm x 19,5 cm, Weiß mit roten und rosafarbenen Streifen 2x 47 cm x 37 cm und 2x 7 cm x 37 cm, Weiß mit Blümchen in Kringeln 2x 47 cm x 37 cm, Grün-Weiß kariert 4x 19,5 cm x 37 cm und 2x 37 cm x 19,5 cm, Rosa-Weiß gestreift 2x 19,5 cm x 37 cm und 2x 37 cm x 19,5 cm.

2 Die Einzelteile der Muffins ca. 10 cm vom unteren Rand entfernt mittig auf die rosafarbenen Quadrate bügeln. Die Zackenlitzenverzierungen aufsteppen und die einzelnen Teile jeweils mit farblich passendem Nähgarn applizieren. Dabei darauf achten, dass die Enden der Zackenlitzen mitgefasst werden. Die Punkte mit Stickgarn gemäß Schnittmuster im Plattstich aufsticken. Den grünen Kreis mittig auf das weiß-rot getupfte Quadrat bügeln. Die Zackenlitze rundherum aufsteppen, sodass der Rand des Kreises von der Litze verdeckt wird. Gemäß Schnittmuster die Schrift im Stielstich und die Punkte im Plattstich aufsticken.

3 Die einzelnen Rechtecke gemäß Schema auf dem Schnittmusterbogen zuerst r-a-r zu den waagrechten Streifen zusammennähen und die Ntzg feststeppen. Anschließend die Streifen ebenfalls r-a-r zur Decke zusammensetzen und die Ntzg steppen. Den Baumwoll-Fleece für die Rückseite und die Vorderseite der Kuscheldecke so aufeinanderlegen, dass die beiden linken Seiten der Stoffe innen liegen. Rundherum innerhalb der Ntzg mit Zick-Zack-Stich zusammennähen, damit nichts verrutschen kann.

4 Die Kanten der Decke mit Schrägband versäubern. Dabei zuerst zwei gegenüberliegende Kanten einfassen. Hierbei müssen die Enden des Schrägbandes nicht nach innen eingeschlagen werden. Anschließend die beiden übrigen Kanten mit Schrägband versäubern und dabei darauf achten, dass die Schrägbandenden jetzt eingeschlagen werden müssen.

Sofakissen

→ für sonnige Momente

GRÖSSE
ca. 50 cm x 50 cm

MATERIAL
- Baumwollstoff in Blau-Weiß gestreift, 35 cm
- Baumwollstoff in Blau-Weiß kariert, 35 cm
- Baumwollstoff in Weiß, 32 cm x 32 cm
- Baumwollstoff in Gelb, Rest
- Baumwollstoff in Gelb-Weiß kariert, Rest
- Baumwollstoff in Orange mit Blumenmuster, Rest
- Vlieseline, 20 cm
- Zackenlitze in Orange-Gelb, 105 cm
- 2 Knöpfe in Schwarz, ø 3 mm
- 2 Herzknöpfe in Rosa, ø 6 mm
- 5 Knöpfe in Orange, ø 1,5 cm
- Stickgarn in Orange und Dunkelbraun
- Innenkissen, 50 cm x 50 cm

SCHNITTMUSTER-BOGEN B (HELLLILA)

1 Alle Teile für die Applikation gemäß Schnittmuster zuschneiden. Dafür die Angaben für die Ntzg der Sonne und die Hinweise auf S. 58/59 beachten. Folgende Streifen aus den Baumwollstoffen zuschneiden: Blau-Weiß gestreift 2x 32 cm x 7 cm, 2x 52 cm x 7 cm und 1x 52 cm x 34 cm (unteres rückwärtiges Kissenteil) und Blau-Weiß kariert 4x 42 cm x 7 cm und 1x 52 cm x 33 cm (oberes rückwärtiges Kissenteil).

2 Für das vordere Kissenteil zuerst die karierten Sonnenstrahlen und anschließend das Gesicht der Sonne und die Herzen gemäß Schnittmuster aufbügeln. Dabei die Ntzg der Sonnenteile beachten. Mit farblich passendem Nähgarn applizieren. Den Mund der Sonne mit Vorstich, die Stiele der Herzen mit Stielstich und die Blätter mit Plattstich sticken. Die Knöpfe gemäß Abbildung und Schnittmuster annähen.

3 Nacheinander die 7 cm breiten Streifen jeweils r-a-r an das Quadrat mit der applizierten Sonne nähen. Dafür mit den beiden kurzen Streifen aus gestreiftem Baumwollstoff auf der linken bzw. rechten Seite beginnen. Anschließend zwei der karierten Streifen oben und unten ansetzen. Die beiden anderen karierten Streifen links und rechts annähen. Zum Schluss die beiden langen gestreiften Streifen oben und unten feststeppen. Die Zackenlitze gemäß Abbildung auf den obersten und untersten Kissenstreifen aufnähen.

4 Für das rückwärtige Kissenteil jeweils eine lange Kante an den beiden Teilen mit einem 5 cm breiten Einfachsaum versehen. Auf dem Saum des oberen Kissen-RT gleichmäßig verteilt die Knöpfe befestigen und auf dem Saum des unteren Kissen-RT entsprechend die Knopflöcher nähen. Die beiden Kissen-RT r-a-r so auf das vordere Kissenteil nähen, dass die Knopflochleiste mit den Knopflöchern unter der Knopflochleiste mit den Knöpfen zu liegen kommt. Das Kissen wenden.

Flotter Flattermann

→ ein Schmetterling fürs Fenster

GRÖSSE
ca. 42 cm
Schmetterling ca. 14 cm

MATERIAL
- Baumwollstoff in Natur mit Blümchen, 10 cm
- Baumwollstoff in Rosa und Natur, je 15 cm
- Draht in Weiß, 0,5 mm, 6 cm lang
- Vlieseline H 640 (zum Aufbügeln), 20 cm
- Filzblume in Natur, 11 cm
- 3 Filzblumen in Rosa, 4 cm
- Stickgarn in Weiß und Schwarz
- Buntstift in Rot
- Perlonfaden
- UHU-Alleskleber

SCHNITTMUSTER-BOGEN A (DUNKEL-GRÜN)

1 Alle Teile gemäß Schnittmuster aus den jeweiligen Stoffen mit Ntzg und aus Volumenvlies je 1x ohne Ntzg ausschneiden. Die Teile aus Volumenvlies mittig auf die linke Seite eines Stoffteils bügeln.

2 Je ein Stoffteil mit und ein Teil ohne Volumenvlies r-a-r legen, bis auf die Wendeöffnung zusammennähen und die Teile wenden. Die Wendeöffnungen an allen Teilen mit Matratzenstich schließen.

3 Die Kringel auf den rosafarbenen Flügeln mit weißem Stickgarn gemäß Schnittmuster sticken. Den oberen Flügel gemäß Markierung am unteren Flügel mit ein paar Stichen annähen.

4 Die Augen und den Mund aufsticken. Den Draht für den Fühler an den Markierungen durch den Kopf führen. Die Enden mit Hilfe einer Zange zu einer Schnecke biegen. Mit einem Buntstift die Bäckchen aufmalen. Den Körper auf die Flügel kleben.

5 Den Perlonfaden für die Aufhängung am oberen Flügel hinter dem Körper anbringen. Die Filzblumen gemäß Abbildung an Perlonfäden am Schmetterling befestigen.

Melissa, das Blumenmädchen

→ zaubert ein Lächeln ans Fenster

GRÖSSE

ca. 27 cm

MATERIAL

◆ Baumwollstoff in Hautfarbe und Natur, je 20 cm

◆ Baumwollstoff in Grün-Weiß gestreift, 10 cm

◆ Baumwollstoff in Grün, Rest

◆ Volumenvlies H 640 (zum Aufbügeln), 20 cm

◆ Satinband in Apfelgrün, 3 mm breit, 2x 20 cm

◆ Knöpfe, ø 9 mm, 5x in Rosa und 3x in Pink

◆ Puppenhaare in Orange, 9x 25 cm

◆ Draht, ø 0,8 mm, 5x 35 cm

◆ Filz in Grün, Rest

◆ Stickgarn in Schwarz

◆ Buntstift in Rot

SCHNITTMUSTER-BOGEN A (TÜRKIS)

1 Alle Teile gemäß Schnittmuster aus den jeweiligen Stoffen mit Ntzg und aus Volumenvlies je 1x ohne Ntzg ausschneiden (bis auf die Tasche). Für das Kleid aus Baumwollstoff in Natur einen Streifen von 32 cm x 18 cm (inkl. Ntzg) zuschneiden. Die Blätter für die Blumen ohne Ntzg aus Filz zuschneiden. Die Hände r-a-r gemäß Markierung an die Arme nähen. Die Teile aus Volumenvlies mittig auf die linke Seite eines Stoffteils bügeln. Je ein Teil mit und ein Teil ohne Volumenvlies r-a-r legen, bis auf die Wendeöffnungen zusammennähen und die Teile wenden. Die Wendeöffnungen an den Armen mit Matratzenstich schließen. Die Ntzg der Wendeöffnung des Körperteils nach innen schlagen. Die Beine gemäß Markierung hineinschieben. Die Öffnung knappkantig zusteppen und dabei die Beine mitfassen.

2 Das Gesicht mit schwarzem Stickgarn aufsticken. Die Bäckchen mit Buntstift aufmalen. Die Ntzg am oberen Rand der Tasche versäubern, nach innen schlagen und feststeppen. Die Ntzg rundherum nach innen schlagen und die Tasche gemäß Abbildung auf das Kleid steppen. Dafür ein weißes Nähgarn für den Kontrast verwenden. Die Ntzg am oberen und unteren Saum des Kleides versäubern, nach innen schlagen und feststeppen. Dabei für den unteren Saum ein grünes Nähgarn verwenden. Das Kleid zur Runde schließen. Den Halsausschnitt einkräuseln und das Kleid so über den Körper ziehen, dass die Naht hinten in der Mitte des Körpers liegt. Den Halsausschnitt der Weite des Halses anpassen und das Kleid mit ein paar Stichen von Hand fixieren. Die Arme zusammen mit den rosa Knöpfen auf das Kleid nähen.

3 Die Haare an den markierten Stellen mit ein paar Stichen festnähen und die Zöpfe aus drei Strängen zu je drei Fäden flechten. Je ein Satinband um die Zopfenden binden. Je Blume ein Drahtstück von unten durch den Knopf und von oben wieder zurückführen. Der Knopf sollte sich dann in der Mitte des Drahtes befinden. Ein Filz-Blatt zwischen die beiden Drahtstücke schieben und den Draht-Stiel bis zur gewünschten Länge verzwirbeln. Dabei das Blatt gut festklemmen. Auf diese Weise zwei rosafarbene und drei pinkfarbene Blüten arbeiten. Den letzten Knopf in Rosa zusammen mit einem Filz-Blatt auf der Tasche des Kleides annähen.

Schweinchen Friedel

→ charmanter Glücksbringer

GRÖSSE
ca. 36 cm

MATERIAL
- Baumwollstoff in Rosa, 20 cm
- Baumwollstoff in Blau-Weiß gestreift, 25 cm
- Baumwollstoff in Rosa-Weiß gestreift, 10 cm
- Walkstoff in Dunkelgrau, Rest
- Bleigranulat, ca. 350 g
- Füllwatte
- 2 Knöpfe in Rosa, ø 8 mm
- Stickgarn in Dunkelbraun
- Rundholz, ø 1 cm, 2x 28 cm
- Volumenvlies H 630 (zum Aufbügeln), Rest
- 2 Blumen-Knöpfe in Rot, ø 1,5 cm

SCHNITT-MUSTER-BOGEN B (ORANGE)

1 Alle Teile gemäß Schnittmuster zuschneiden. Das Nasenteil 1x aus Volumenvlies ohne Ntzg zuschneiden und auf ein Nasenteil aus rosafarbenem Baumwollstoff bügeln. Die beiden Nasenteile r-a-r bis auf die Wendeöffnung zusammennähen und wenden. Die Öffnung mit Matratzenstich schließen. Je zwei Ohrteile r-a-r bis auf die Wendeöffnung zusammennähen und wenden. Die Außenkanten der offenen Ohrseite bis zur Mitte einschlagen und mit ein paar Stichen innerhalb der Ntzg fixieren. Die beiden Kopfteile r-a-r bis auf die Wendeöffnung zusammennähen und dabei die Ohren mitfassen. Dafür die Hinweise auf S. 60/61 beachten. Den Kopf wenden und mit Füllwatte stopfen. Die Wendeöffnung mit Matratzenstich schließen. Die Schnauze mit den Knöpfen am Kopf befestigen. Die Augen und den Mund aufsticken.

2 Für die Hose die Ntzg der unteren Saumkante versäubern, gemäß Markierung an der Umbruchlinie nach innen schlagen und mit einer Doppelnaht feststeppen. Die Hosenteile jeweils so r-a-r zusammenlegen, dass alle Kanten übereinanderliegen, und die innere Hosenbeinnaht schließen. Ein Hosenbein wenden und so in das andere Hosenbein stecken, dass die Mittelnähte übereinanderliegen. Die vordere und rückwärtige Hosenmittelnaht schließen. Die Ntzg an der oberen Saumkante versäubern, gemäß Markierung entlang der Umbruchlinie nach innen schlagen und feststeppen. Für die Träger die Ntzg der Streifen versäubern. Jeweils die Ntzg an den beiden langen Seiten nach innen schlagen und feststeppen. Die Träger gemäß Markierung so an die Hose steppen, dass sie sich später hinter dem Rücken des Schweins überkreuzen.

3 Die vordere Mittelnaht der Schuhe r-a-r schließen und die obere Kante r-a-r an eine kurze Seite der Beinteile nähen. Die Beinnähte r-a-r schließen und die Schuhsohle gemäß Markierung ebenfalls r-a-r einsetzen. Die Beine vorsichtig wenden. Die Schuhe mit dem Bleigranulat füllen und die Rundhölzer durch die Beine bis in die Schuhe schieben. Die Hose über die Beine ziehen und über den Schuhen hängen lassen.

4 Die beiden Körperteile r-a-r bis auf die Wendeöffnung zusammensteppen und wenden. Den Körper mit Füllwatte stopfen und dabei die Rundhölzer der Beine im Körper platzieren (die Rundhölzer reichen bis knapp unter die Schulter). Die Wendeöffnung des Körpers um die Beine herum mit Matratzenstich schließen und dabei auch die Beine mitfassen.

5 Je zwei Armteile r-a-r bis auf die Wendeöffnung zusammennähen und wenden. Die Arme mit Füllwatte stopfen, die Öffnung mit Matratzenstich schließen und an den Körper nähen. Hierfür einen reißfesten Faden an der Innenseite eines Arms befestigen. Mit einer langen Nadel zuerst durch den Arm auf die Außenseite, dann durch den Arm und den Körper stechen. Den zweiten Arm von der Innen- auf die Außenseite durchstechen und anschließend wieder von außen durch den Arm und den Körper. Den Faden fest anziehen und damit die Schultern etwas zusammenziehen.

6 Die Hose hochziehen. Die Träger auf dem Rücken über Kreuz führen und vorne mit den Knöpfen befestigen. Den Kopf mit Matratzenstich gemäß Markierung am Körper befestigen.

Blüten-Lichterkette

→ für besondere Effekte

GRÖSSE
Blüten ca. 7 cm

MATERIAL
- Baumwollstoff in Grün, 10 cm
- Baumwollstoff in Natur, 15 cm
- Baumwollstoff in Rosa, 10 cm
- Baumwollstoff in Pink, 10 cm
- Lichterkette mit 10 Lämpchen, transparent

SCHNITTMUSTER-BOGEN A (HELLLILA)

1 Alle Teile gemäß Schnittmuster zuschneiden. Dafür die Hinweise auf S. 60 beachten. Je Blüte sind fünf Blütenblätter vorgesehen. Je zwei Blütenblätterteile r-a-r bis auf die Wendeöffnung zusammennähen, wenden und bügeln. Je fünf Blütenblätter folgendermaßen auf die rechte Seite eines grünen Blütenstreifens nähen: Die ersten drei Blütenblätter gemäß Markierungen innerhalb der Ntzg so anbringen, dass die geraden Kanten übereinanderliegen. Anschließend die anderen beiden versetzt darüber ebenfalls innerhalb der Ntzg feststeppen (siehe Schnittmuster). Nun den zweiten grünen Blütenstreifen r-a-r darauflegen und die Seite mit den Blütenblättern und die beiden kurzen Kanten zusammennähen. Den Blütenstreifen wenden und die Wendeöffnung mit Matratzenstich schließen. Bei allen Blüten genauso verfahren.

2 Die Blüten so um die Lämpchen wickeln, dass sie zwischen den Blütenblättern zu liegen kommen. Den Blütenstreifen mit ein paar Stichen fixieren. Eventuell zusätzlich mit einem Tropfen Heißkleber an den Lämpchen befestigen.

Wimpel-Girlande

→ flattert im Wind

GRÖSSE
ca. 3,20 m

MATERIAL
- Baumwollstoff in Blau mit weißen Kringeln, 30 cm
- Baumwollstoff in Weiß mit rot-blau-rosafarbenen Blumen, 30 cm
- Baumwollstoff in Weiß mit rot-blau-rosafarbenen Tupfen-Blumen, 30 cm
- Baumwollstoff in Weiß mit blauem Paisleymuster, 30 cm
- Baumwollstoff in Weiß mit blauen Mini-Tupfen-Blumen, 30 cm
- Schrägband in Rot, 3,20 m

SCHNITT-MUSTER-BOGEN B (LILA)

1 Alle Teile gemäß Schnittmuster folgendermaßen zuschneiden: 6x in Blau mit weißen Kringeln, 6x in Weiß mit rot-blau-rosafarbenen Blumen, 6x in Weiß mit rot-blau-rosafarbenen Tupfen-Blumen, 2x in Weiß mit blauem Paisleymuster und 2x in Weiß mit blauen Mini-Tupfen-Blumen. Je zwei Dreiecke r-a-r an den beiden langen Seiten entlang zusammennähen, die Ntzg kürzen und die Wimpel durch die Öffnung an der oberen Kante wenden. Die Nähte gut in Form bügeln. Die obere offene Kante innerhalb der Ntzg zusammensteppen, damit nichts verrutschen kann.

2 Das Schrägband der Länge nach zusammenfalten und bügeln. Die obere Kante der einzelnen Wimpel mit ca. 3 cm Abstand voneinander mit Stecknadeln in das zusammengefaltete Schrägband stecken. Dabei den ersten Wimpel ca. 35 cm vom einen Ende des Bandes entfernt platzieren. Die Enden des Schrägbandes nach innen schlagen und das Band der Länge nach knappkantig zusammensteppen. Dabei die Wimpel mitfassen.

Tipp
Verlängern oder kürzen Sie die Wimpel-Girlande nach Belieben.

Schlafzimmer/Bad

Nicht nur das Bad kann eine regel-
rechte Wohlfühloase sein, sondern
auch das Schlafzimmer. Auch hier
lässt es sich wunderbar entspannen.
Mit einer weichen Badematte kommt
Behaglichkeit ins Bad und ein
kleiner Frosch sorgt selbst im Winter
für wohlige Wärme. Dazu noch ein
paar kleine Lavendelsäckchen und
niedliche Püppchen – schon fühlen
Sie sich rundum wohl.

◆ Badenixen Dodo und Dieter
◆ Maritime Badezimmermatte
◆ Romantisches Lavendelsäckchen
◆ Wärmflaschenhülle Frosch
◆ Siggi, die Schlafmütze

Badenixen Dodo und Dieter

→ nehmen ein Schaumbad

GRÖSSE
ca. 42 cm

MATERIAL
- Baumwollstoff in Hautfarbe hell und dunkel, 30 cm
- Baumwollstoff in Rot-Weiß gestreift, 25 cm
- Puppenhaar in Blond, 6x 60 cm bzw. in Rot-Orange, 8x 8 cm
- Puppen-Schwimmring, ø 10 cm
- Satinband in Rot, 4 mm, 2x 25 cm
- Stickgarn in Schwarz
- reißfester Faden in Natur
- Badezuber aus Zink, 26 cm x 19 cm, 13 cm hoch
- Füllwatte

SCHNITTMUSTER-BOGEN A (ROSA)

Körper

Die Badenixe nähen wie beim Willkommens-Püppchen auf S. 6 beschrieben. Bei den Beinen jedoch folgendermaßen vorgehen: Jeweils zwei Beinteile r-a-r bis auf die Wendeöffnung zusammennähen und wenden. Die Füße und Beine mit Füllwatte stopfen. Den Übergang zwischen Bein und Fuß gemäß Markierung auf dem Schnittmuster mit Matratzenstich zusammenziehen, sodass sich der Fuß etwas nach oben zieht. Gemäß Markierungen mit reißfestem Faden die Zehen abnähen. Dabei die Stiche fest anziehen und so die Zehen ausformen.

Kleidung

Alle Teile gemäß Schnittmuster zuschneiden. Für den Hut das Schnittmuster auf den Stoff übertragen. Mit engem Zick-Zack-Stich wie beim Applizieren entlang der Linie rundherum nähen. Vorsichtig entlang der Außenseite der Naht ausschneiden. Gemäß Schnittmuster den Hut mit Vorstichen einkräuseln, auf Kopfumfang zusammenziehen und fixieren. Für den Badeanzug die Ntzg der Beinsäume versäubern, nach innen schlagen und feststeppen. Jeweils die beiden Vorder- bzw. Rückenteile entlang der vorderen Mittelnaht r-a-r zusammennähen. Mit den Belegteilen genauso verfahren. Die Belege r-a-r auf das Vorder- bzw. Rückenteil legen und jeweils die Hals- und Armausschnittkanten zusammennähen. Die Teile wenden und rund um die Ausschnittkanten knappkantig absteppen. Vorder- und Rückenteil r-a-r zusammenlegen und die Seiten- und Beinnähte schließen. Den Badeanzug wenden und der Badenixe anziehen. Die Ntzg an den Schultern übereinanderlegen und mit ein paar Spannstichen die Schulternähte schließen. Den Hut aufsetzen und mit ein paar Stichen am Kopf fixieren. Dieter mit Füllwatte im Badezuber drapieren.

Maritime Badezimmermatte

→ mit fröhlichem Segelboot

1 Alle Teile für die Applikationen gemäß Schnittmuster zuschneiden. Dabei die Hinweise auf S. 58/59 beachten. Für den Hintergrund der Applikation aus weißem Baumwollstoff 1x 42 cm x 32 cm und für die Umrandung der Matte Streifen aus Baumwollstoff in Weiß mit blauen Mini-Tupfen-Blümchen zuschneiden (inkl. Ntzg): 2x 60 cm x 11 cm und 2x 32 cm x 11 cm. Nach und nach die Teile für das Boot, den Fisch und die Wellen auf den weißen Stoff bügeln und mit farblich passendem Nähgarn applizieren. Die beiden kürzeren Streifen der Umrandung r-a-r an die Seitenkanten des Innenteils mit den Applikationen nähen. Anschließend die beiden längeren Streifen ebenfalls r-a-r oben und unten ansetzen. Die Ntzg nach außen bügeln und knappkantig feststeppen.

2 Die Zackenlitze gemäß Abbildung ca. 1 cm von der Naht entfernt rundherum aufsteppen. Das Vorderteil der Fußmatte so auf den Frottee-Stoff für die Rückseite legen, dass die beiden rechten Stoffseiten außen liegen. Rundherum innerhalb der Ntzg mit Zick-Zack-Stich zusammennähen, damit nichts verrutschen kann. Die Kanten der Fußmatte mit Schrägband versäubern. Dabei zuerst zwei gegenüberliegende Kanten einfassen. Hierbei müssen die Schrägband-Enden nicht nach innen eingeschlagen werden. Anschließend die beiden übrigen Kanten mit Schrägband versäubern und dabei darauf achten, dass die Schrägband-Enden jetzt eingeschlagen werden.

GRÖSSE
ca. 60 cm x 50 cm

SCHNITTMUSTER-BOGEN B (GRÜN)

MATERIAL

◆ Baumwollstoff in Weiß mit blauen Mini-Tupfen-Blümchen, 25 cm

◆ Baumwollstoff in Weiß, 42 cm

◆ Baumwollstoff in Blau mit weißen Kringeln, 10 cm

◆ Baumwollstoff in Rot mit weißen Tupfen, 10 cm

◆ Baumwollstoff in Weiß mit roten Tupfen, 15 cm

◆ Frottee-Stoff in Weiß, 50 cm

◆ Zackenlitze in Rot, 1,60 m

◆ Schrägband in Rot mit rosa-farbenen Tupfen, 2,25 m

◆ Stickgarn in Schwarz

Romantisches Lavendelsäckchen

→ für guten Duft im Kleiderschrank

GRÖSSE
ca. 18 cm

MATERIAL
- Baumwollstoff in Weiß mit blauen Kringeln, 15 cm
- Baumwollstoff in Blau mit weißen Kringeln, 15 cm
- Baumwollstoff in Weiß mit blauen und roten Kringeln, 10 cm
- Baumwollstoff in Rosa, 20 cm
- Baumwollstoff in Rot mit rosafarbenen Tupfen, Rest
- Perlgarn in Rot, Rest
- Satinband in Weiß, 4 mm, 1 m
- Lavendel zum Befüllen

SCHNITTMUSTER-BOGEN B (ROT)

1 Alle Teile gemäß Schnittmuster zuschneiden. Für die runden Säckchen je zwei Teile aus demselben Stoff für Innen- und Außen-Säckchen r-a-r zusammennähen. Dabei beim Innensäckchen die Wendeöffnung offen lassen. Das Außen-Säckchen wenden und das Innen-Säckchen so über das Außen-Säckchen schieben, dass die obere Kante und die rechten Stoffseiten übereinanderliegen. Die beiden Säckchen r-a-r an der oberen Kante zusammennähen und durch die Wendeöffnung im Innensäckchen wenden. Die Wendeöffnung mit Matratzenstich schließen. Das Innen- in das Außen-Säckchen schieben und mit Lavendel füllen.

2 Je zwei Herz-Teile r-a-r bis auf die Wendeöffnung zusammennähen. Die Ntzg kürzen und an der Einbuchtung oben bis kurz vor die Naht einschneiden. Das Herz wenden. Ein Ende eines Perlgarnstückes mit einem Knoten versehen. Für die Aufhängung das Perlgarn von innen durch die obere Einbuchtung des Herzchens nach außen ziehen. Das Herz leicht mit Füllwatte stopfen und die Öffnung mit Matratzenstich schließen. Das Lavendelsäckchen mit dem Satinband verschließen und dabei ein Herz am Band befestigen.

3 Für das eckige Säckchen die Ntzg an den kurzen oberen Kanten versäubern. Die Knopflöcher gemäß Schnittmuster nähen und aufschneiden. Die beiden Teile r-a-r zusammenlegen und zusammennähen. Für den Tunnel nun den oberen Rand des Säckchens an der Umbruchlinie nach innen schlagen und gemäß Schnittmuster den Tunnel ca. 1 cm breit absteppen. Mit Hilfe einer Sicherheitsnadel das eine Satinband von links und das andere von rechts jeweils komplett durch den Tunnel ziehen. Danach müssen jeweils die beiden Enden jedes Bandes auf einer Seite heraushängen. Diese beiden Enden miteinander verknoten. Säckchen mit Lavendel füllen und durch Zusammenziehen des Bandes verschließen.

Wärmflaschenhülle Frosch

→ bringt Farbe ins Leben

GRÖSSE
ca. 58 cm

MATERIAL
- Baumwollstoff in Gelb-Weiß kariert, 20 cm
- Baumwollstoff in Grün, 25 cm
- Baumwollstoff in Grün-Rot kariert, 20 cm
- 2 Filzkreise in Weiß, ø 2 cm
- 2 Rocaille-Perlen in Schwarz, ø 3 mm
- 2 Herzknöpfe in Rot, 6 mm
- 2 Herzknöpfe in Weiß, ø 12 mm
- Füllwatte, Rest
- Granulat, Rest
- Satinkordel in Weiß, 2x 60 cm
- Stickgarn in Schwarz

**SCHNITTMUSTER-
BOGEN B
(HELLBLAU)**

1 Alle Teile gemäß Schnittmuster zuschneiden. Die Knopflöcher für den Tunnel gemäß Schnittmuster nähen und aufschneiden. Den Gelb-Weiß karierten Streifen für die Krone der Länge nach mittig so zusammenlegen, dass die rechte Seite außen liegt. Die offene lange Kante innerhalb der Ntzg zusammennähen, damit nichts verrutschen kann und den Tunnel gemäß Markierung steppen.

2 Für das Vorder- und Rückenteil des Froschs die Streifen für die Krone r-a-r an die grünen Streifen für den Kopf und die Kopfstreifen ebenfalls r-a-r an die Streifen für den Bauch nähen. Je zwei Bein- bzw. Armteile r-a-r bis auf die Wendeöffnung zusammennähen und wenden. Etwas Granulat in die Füße und Hände füllen und mit Füllwatte bis zu den Ellbogen bzw. Waden bedecken. Die Öffnungen der Arme mit Matrazenstich schließen. Bei den Beinen die Öffnung innerhalb der Ntzg zusammennähen. Vorder- und Rückenteil des Frosches r-a-r zusammennähen und dabei die Beine gemäß Markierung mitfassen. Dafür die Hinweise auf S. 60/61 beachten.

3 Mit Hilfe einer Sicherheitsnadel die eine Kordel von links und die andere von rechts jeweils komplett rundherum durch den Tunnel ziehen. Danach müssen jeweils die beiden Enden der Kordel auf einer Seite heraushängen. Diese beiden Enden miteinander verknoten. Den Mund aufsticken und die roten Herzknöpfe annähen. Die weißen Kreise für die Augen mit je einer Rocaille-Perle befestigen. Die Arme mit den weißen Herzknöpfen gemäß Markierung am Körper anbringen.

Siggi, die Schlafmütze

→ wünscht süße Träume

GRÖSSE
ca. 42 cm

MATERIAL
- Baumwollstoff in Hautfarbe, 30 cm
- Baumwollstoff in Hellblau-Weiß gestreift, 30 cm
- Baumwollstoff in Weiß, 20 cm
- Baumwollstoff in Rot mit weißen Tupfen, Rest
- Filz in Blau, Rest
- Vliesofix, Rest
- 2 Pompons in Weiß, ø 1,5 cm
- Metall-Glöckchen in Rot, ø 1,5 cm
- Mini-Bär, 6 cm
- Stickgarn in Blau und Schwarz

SCHNITTMUSTER-BOGEN B (DUNKELBLAU)

Körper

Das Schlafmützen-Püppchen nähen wie beim Willkommens-Püppchen auf S. 6 beschrieben.

Kleidung

1   Alle Teile gemäß Schnittmuster zuschneiden. Für die Herzchen-Applikation die Hinweise auf S. 58/59 beachten. Das Herzchen gemäß Schnittmuster auf das Nachthemden-Vorderteil applizieren. Für das Nachthemd die beiden Rückenteile an der Schulter r-a-r auf das Vorderteil nähen. Für den Kragen jeweils zwei Kragenteile r-a-r zusammennähen. Dabei den Halsausschnittansatz offen lassen und die beiden Kragenteile durch diese Öffnung wenden. Diese r-a-r so an die Halsausschnittkante nähen, dass die beiden Kragenteile in der Mitte des Nachthemden-Vorderteils zusammenstoßen. Die Ntzg umlegen und knappkantig unterhalb des Kragens feststeppen.

2   Die Ärmel r-a-r in die Armausschnitte einpassen. Die unteren Ärmelkanten versäubern, die Ntzg nach innen schlagen und festnähen. Die Ärmel- und Seitennähte schließen. Den unteren Nachthemdensaum versäubern, die Ntzg nach innen schlagen und feststeppen. Das Hemd anziehen, die Ntzg an der rückwärtigen Mitte nach innen schlagen und die Mittelnaht mit Matratzenstich schließen. Für die Mütze die untere Saumkante versäubern, die Ntzg nach innen schlagen und feststeppen. Das Mützenteil an der Stoffbruchlinie entlang so falten, dass die rechte Seite innen liegt. Die Mützennaht schließen und die Mütze wenden. Die Glocke annähen. Die Mütze mit ein paar Stichen am Kopf des Schlafmützen-Püppchens fixieren.

3   Für die Hausschuhe den Abnäher im oberen Schuhteil nähen. Dafür das Teil r-a-r so zusammenlegen, dass die beiden Nähte des Abnähers aufeinanderliegen. Das Schuhteil mit Überwendlingsstich gemäß Markierung mit Stickgarn an die Sohle nähen. Die Pompons mittig darauf befestigen. Den Bär an der Hand des Püppchens befestigen.

So wird's gemacht

Schnitte übertragen und anfertigen

Alle Schnittmusterteile auf Seidenpapier oder Kopierfolie übertragen und ausschneiden. Mit Hilfe von Stecknadeln auf die Rückseite (linke Seite) der Stoffe stecken. Dabei auf den Fadenlauf (= Webrichtung; auf dem Schnittmuster mit einem Pfeil gekennzeichnet) achten. Alle Teile mit einer Ntzg ausschneiden. Die Ntzg beträgt, wenn nicht anders angegeben, 1 cm. Dabei darauf achten, dass Teile, die nicht symmetrisch sind und zweimal ausgeschnitten werden müssen, wie z.B. Ärmel, Hosenbeine, VT oder RT (wenn sie aus zwei Teilen bestehen), immer auch gegengleich, also spiegelverkehrt, ausgeschnitten werden müssen. Bei den Teilen, bei denen ein Stoffbruch auf dem Schnitt vermerkt ist, wird wie folgt verfahren: Den Stoff r-a-r falten, sodass der Stoffbruch in Fadenlaufrichtung (= Webrichtung) verläuft. Das Schnittteil mit der gestrichelten Stoffbruch-Kante auf die tatsächliche Stoffbruchkante des Stoffs legen. Wie vorher beschrieben, mit Ntzg ausschneiden.

Kanten mit Schrägband versäubern

Um ein Schrägband anzunähen, legen Sie die Kanten der Teile, die zusammen versäubert werden sollen, passgenau aufeinander. Ca. 0,5 cm breit zusammensteppen, damit nichts mehr verrutschen kann. Eine Seite des Schrägbandes auf der rechten Seite des Modells auf die zu versäubernden Kanten legen und in der Bügelkante feststeppen.

Das Schrägband über die zu versäubernden Kanten schlagen und auf der Rückseite des Modells mit der Nähmaschine oder von Hand festnähen. An sichtbaren Ecken oder Enden darauf achten, dass die Enden des Schrägbandes vor dem Festnähen auf der linken Seite des Modells nach innen geschlagen werden müssen.

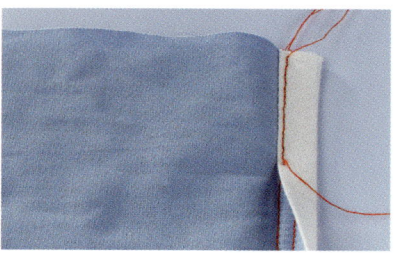

Applikationen

Vlies aufbügeln und Motiv übertragen

Beim Applizieren mit Vliesofix wird durch das beidseitig aufbügelbare Vlies das Verrutschen des zu fixierenden Teiles verhindert. So entstehen beim Festnähen keine Falten. Dafür das Vliesofix mit der Papierseite nach oben auf die Rückseite des Stoffes legen und aufbügeln. Bei Stoffen, die nicht aus 100 % Baumwolle (Fleece, eventuell Nicki usw.) bestehen, am besten ein dünnes Tuch zwischen Stoff/Vliesofix und das Bügeleisen legen, damit die Stoffe nicht am Bügeleisen haften bleiben. Das Schnittmuster der zu applizierenden Teile auf das Papier des Vliesofix übertragen. Dabei beachten, dass die Schnittteile spiegelverkehrt aufgezeichnet werden müssen. Wenn nicht anders angegeben, die Teile ohne Ntzg zuschneiden.

Stoff einkräuseln und Rüsche annähen

Motiv aufbügeln und applizieren

Das Papier vom Stoff abziehen und das zu applizierende Teil mit der Stoffseite nach oben auf die markierte oder beschriebene Stelle legen und aufbügeln. Dabei eventuell wieder ein Tuch zwischen Stoff und Bügeleisen legen.

Einen Hilfsfaden 1 cm vom Rand entfernt von Hand mit einer Nadel einziehen. Dabei die Stiche ca. 0,5 cm breit und ebenso weit voneinander entfernt nähen. Danach Stoff auf die gewünschte Breite zusammenschieben und Anfang und Ende des Fadens mit Knoten oder doppelten Stichen sichern. Rüsche r-a-r auf das entsprechende Teil legen und mit Stecknadeln feststecken. Dabei darauf achten, dass die Falten gleichmäßig verteilt sind. Auf dem Hilfsfaden oder knapp daneben nähen. Anschließend den Hilfsfaden herausziehen, wenn er auf der Vorderseite des Modells sichtbar ist.

Das Einkräuseln von Stoffstreifen für Rüschen können Sie auch mit der Nähmaschine durchführen. Dafür die Fadenspannung von Ober- und Unterfaden lockern, die Naht wie oben beschrieben nähen und durch Ziehen am Unterfaden einkräuseln.

Mit engem Zickzackstich (Stichlänge 0,5-1 mm, Stichbreite 2-3 mm) an der Kante entlang auf den Unterstoff applizieren.

Absteppen von Nähten

Durch das Absteppen einer Naht auf der Vorderseite (rechten Seite) eines Modells wird diese besonders betont und die Ntzg auf der Innenseite (linken Seite) fixiert. Dafür wird die Ntzg, wenn nicht anders angegeben, zuerst auf ca. 0,5 cm zurück-geschnitten, mit Zick-Zack-Stich versäubert, nach oben geschlagen und von der rechten Seite knappkantig (ca. 0,5 cm breit) festge-steppt.

Matratzenstich

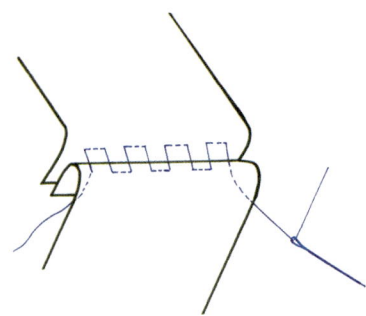

Einfacher Saum

Dafür wird die Abschlusskante mit Zick-Zack-Stich versäubert, einmal um die Breite des Saumes nach innen umgeschlagen und festgesteppt.

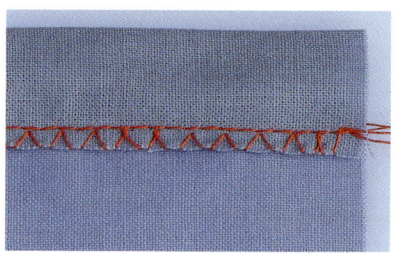

Doppelter Saum

Offene Abschlusskanten können mit einem doppelten Saum versäubert werden. Dafür wird 2x nacheinander die gleiche Breite, z.B. 2 cm nach innen eingeschlagen und knapp an der Kante auf der inneren Seite festgesteppt.

Körperteile zusammen-nähen und ausstopfen

Die Körperteile, die später gewendet wer-den, wie z. B. Arme, Beine, Kopf, Ohren usw. werden r-a-r liegend zusammengenäht. D.h. die Vorderseiten (die rechten Seiten) beider Teile liegen innen aufeinander und die Rückseiten (die linken Seiten) liegen außen. Um beim Nähen ein Verrutschen zu verhindern, werden die Stoffstücke mit Stecknadeln miteinander fixiert. Die Kör-perteile laut Anleitung und Markierungen auf dem Schnittmuster zusammensteppen. Das Zuschneiden und Nähen von sehr klei-nen Körperteilen, wie Ohren und Beinen, kann durch folgende Technik vereinfacht werden:
Den Umriss eines Teiles auf ein Stück Stoff übertragen, ein gleich großes Stück Stoff r-a-r darunterlegen, die beiden Teile mit Stecknadeln zusammenstecken und die Umrisse nachnähen. Dabei die Wendeöff-nungen aussparen. Die Ntzg aller zusam-mengesteppten Körperteile auf ca. 5 mm einkürzen, mit Zick-Zack-Stich versäubern und die Teile wenden.

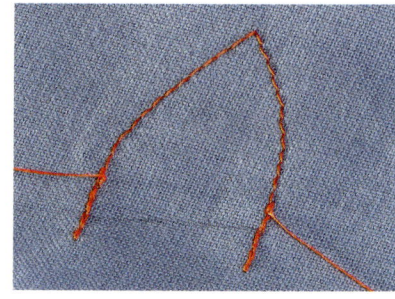

macht

ABKÜRZUNGEN

Nahtzugabe(n) = Ntzg

rechts auf rechts = r-a-r

Rückenteil(e) = RT

Vorderteil(e) = VT

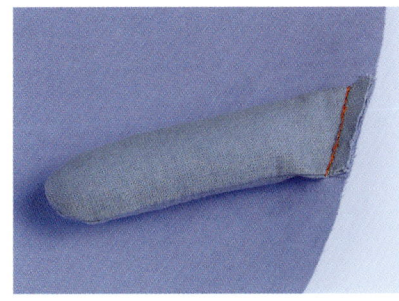

Arme und Beine nach dem Stopfen mit Füllwatte oder Granulat mit einer Naht in der Mitte der Nahtzugabe schließen, damit das Füllmaterial nicht mehr herausrutschen kann. Wird der Körper mit Granulat gefüllt, empfiehlt es sich, zum Abschluss eine Lage Füllwatte auf das Granulat zu legen. Dadurch wird das Schließen dieses Teiles mit Matratzenstich erleichtert und es kann dabei kein Granulat herausrieseln.

Beim Einnähen von Armen, Beinen, Ohren usw. empfiehlt es sich, diese mit einer Naht zu fixieren, damit sie beim Zusammennähen des Vorder- und Rückenteiles nicht mehr verrutschen können. Dafür die betreffenden Teile gewendet und eventuell gestopft so auf die rechte Seite des angegebenen Körperteiles legen, dass die Nahtzugaben der beiden Teile übereinanderliegen. Die Arme, Beine, Ohren usw. zeigen dabei nach innen. In der Mitte der Ntzg die Teile auf den Untergrund steppen.

Tipps und Tricks

▶ Alle Stoffe haben, wenn nicht anders angegeben, eine Breite von 150 cm.

▶ Wählen Sie den Nähfaden in passenden Farben. Manchmal ist auch eine Kontrastfarbe ein schöner Blickfang.

▶ Die Ränder von kleinen Teilen, z.B. Nasen, nach dem Ausschneiden mit Fransenstop einstreichen und gut trocknen lassen. Erst dann weiterverarbeiten.

▶ Vor dem Wenden von zusammengenähten Teilen werden die Ntzg auf ca. 5 mm eingekürzt. In Ecken oder Rundungen wird anschließend die gekürzte Ntzg noch zusätzlich bis knapp vor die Naht eingeschnitten. Dies verhindert, dass sich die Ecken und Rundungen nach dem Wenden verziehen, und es lässt sich alles schön in Form legen. Die eingekürzten Ntzg mit Zick-Zack-Stich versäubern.

▶ Am besten stecken Sie zwei Teile, die Sie zusammennähen wollen, vorher mit Stecknadeln zusammen, damit nichts mehr verrutschen kann. Je geschwungener die Kanten sind, desto enger sollten Sie die Nadeln stecken.

▶ Vor dem Absteppen von Nähten sollten sie die Ntzg umbügeln. Dadurch erreichen Sie eine gleichmäßige Umbruchkante, die Ihnen das Absteppen erleichtert.

▶ Bei Motiven, die aus zwei Teilen zusammengenäht sind (mit oder ohne Volumenvlies), sollten Sie nach dem Wenden die Nähte gut in Form bügeln.

▶ Die Mengenangaben für das Füllmaterial haben wir weitgehend offen gelassen. Je nachdem, ob die Figuren fest oder eher locker gestopft werden, kann der Materialbedarf variieren.

So wird's gemacht

VORSTICH

Von rechts nach links sticken. Am Beginn einer Konturlinie ausstechen, * auf der Kontur ca. 3 mm weitergehen und einstechen. Dann auf der Rückseite ca. 2-3 mm weitergehen und auf der Kontur wieder ausstechen. Den Vorgang ab * stets wiederholen, bis die gesamte Konturlinie überstickt ist.

PLATTSTICH

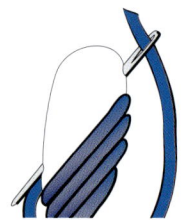

Plattstiche werden gerne zum Füllen von Flächen verwendet. Auf der Konturlinie oder knapp außerhalb ausstechen, den Faden über die zu füllende Fläche führen und auf der Konturlinie oder knapp außerhalb wieder einstechen. Die Stiche gleichmäßig dicht nebeneinander sticken.

SPANNSTICH

Einzelne Spannstiche durch eine Linie oder zwei Punkte markieren. Dann am 1. Punkt oder am Beginn der Linie ausstechen und am 2. Punkt oder am Ende der Linie wieder einstechen. Den Faden anziehen.

STIELSTICH

Von links nach rechts sticken. Am Beginn einer Konturlinie ausstechen, * auf der Kontur eine entsprechende Stichlänge (ca. 6-8 mm) weitergehen, knapp rechts neben der Konturlinie einstechen und auf der Rückseite die halbe Stichlänge der Vorderseite zurückgehend knapp links neben der Konturlinie wieder ausstechen. Den Vorgang ab * stets wiederholen, bis die gesamte Konturlinie überstickt ist.

MARGERITEN-STICH

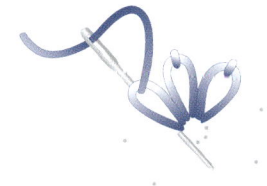

Die Margeritenstiche sind einzeln gestickte Kettenstiche, die sehr gerne für kleine Blümchen verwendet werden. Im Blütenmittelpunkt aus- und knapp neben der Ausstichstelle wieder einstechen. Eine entsprechende Stichlänge weitergehend ausstechen und den Faden wie bei den Kettenstichen zur Schlinge anziehen. Den Arbeitsfaden über die Schlinge führen, einstechen und den Faden anziehen.

KNÖTCHENSTICH

An der entsprechenden Stelle, an der das Knötchen liegen soll, ausstechen. Den Faden zwei- bis dreimal um die Nadel wickeln und knapp neben der Ausstichstelle wieder einstechen. Die Wicklungen um die Nadel gleichmäßig locker anziehen, sodass diese an der Einstichstelle auf dem Stoff liegen. Dann den Faden durch die Wicklungen ziehen und das Knötchen vorsichtig anziehen.

FESTONSTICH

Dieser Stich versäubert und verziert Stoffkanten. In ca. 5 mm von der Kante entfernt durch den Stoff stechen und die Nadel immer oberhalb der entstehenden Schlinge führen.

Übersicht der verwendeten Stoffe

Für alle Modelle wurden Stoffe der Firma Westfalenstoffe AG verwendet, die nachstehend aufgeführt sind:

S. 7, Willkommens-Püppchen   Webstoffe Uni in Beige, Druckstoffe Prinzessin kbA in Rosé-Weiß getupft und Rosé-Weiß gestreift, Druckstoffe Uni in Weiß

S. 9, Schön und Praktisch   Druckstoffe Barcelona Blumen in Weiß-Bleu und Barcelona Kreisel in Bleu-Weiß

S. 11, Bequeme Hausschuhe   Druckstoffe Uni in Weiß, Druckstoffe Barcelona Blumen in Weiß-Rosé und Weiß-Rot

S. 13, Blumenstecker „Giraffe"   Webstoffe Uni in Gelb und Natur

S. 17, Tasche mit Blumenapplikation   Webstoffe Landhausstil in Rosé-Weiß kariert und Rosa, Webstoffe Cardiff in Grün-Weiß gestreift, Druckstoffe Uni in Weiß

S. 19, Herziger Tischläufer   Webstoffe Burgund in Bunt gestreift, Webstoffe Landhausstil in Rot-Beige, Druckstoffe Prinzessin in Weiß-Rot getupft, Webstoffe Amsterdam in Rosé-Weiß kariert

S. 21, Dekorative Hühner   Webstoffe Landhausstil in Weiß-Gelb gestreift, Druckstoffe Uni in Weiß, Webstoffe Uni in Orange und Gelb

S. 23, Elsa, die Kuh   Druckstoffe Uni in Weiß, Cotton Classics „Black and White" in Schwarz meliert, Webstoffe Landhausstil in Rosa, Webstoffe Cornwall in Bunt kariert, Teddyplüsch kbA in Natur

S. 25, Gustav der Koch   Cotton Classics „Black and White" in Schwarz meliert und Schwarz-Weiß gestreift, Druckstoffe Uni in Weiß, Webstoffe Uni in Beige

S. 27, Hübsche Regal-Borte   Webstoffe Amsterdam in Grün-Weiß kariert, Webstoffe Uni in Natur, Druckstoffe Mini-Flowers in Weiß-Bunt, Webstoffe Landhausstil in Rosa

S. 31, Gemütliches Sitzkissen   Druckstoffe Prinzessin kbA in Bleu-Weiß, Teddyplüsch kbA in Natur, Webstoffe Landhausstil in Rosa, Webstoffe Uni in Beige, Druckstoffe Mini-Flowers in Weiß-Bunt

S. 33, Kuscheldecke   Druckstoffe Prinzessin in Weiß-Rot getupft und Rosen in Weiß-Bunt, Webstoffe Landhausstil in Rosa, Webstoffe Burgund in Bunt gestreift, Webstoffe Amsterdam in Weiß-Grün kariert, Grün und Weiß-Rosé gestreift, Druckstoffe Prinzessin kbA in Rosé-Weiß kariert, Druckstoffe Rosenborg Tupfen in Braun-Bunt, Teddyplüsch kbA in Natur

S. 35, Sofakissen   Webstoffe Amsterdam in Grün, Webstoffe Cambridge in Blau-Weiß gestreift und kariert, Webstoffe Uni in Natur, Webstoffe Landhausstil in Weiß-Gelb kariert, Webstoffe Uni in Gelb

S. 37, Flotter Flattermann   Webstoffe Landhausstil in Rosa, Webstoffe Uni in Natur, Druckstoffe Mini-Flowers in Weiß-Bunt

S. 39, Melissa, das Blumenmädchen   Webstoffe Uni in Natur und Beige, Webstoffe Amsterdam in Weiß-Grün gestreift und Grün

S. 41, Schweinchen Friedel   Webstoffe Landhausstil in Rosa, Webstoffe Oslo in Weiß-Blau gestreift, Webstoffe Amsterdam in Weiß-Rosé gestreift

S. 43, Blüten-Lichterkette   Webstoffe Landhausstil in Rosa und Rosé, Webstoffe Uni in Natur und Grün

S. 45, Wimpel-Girlande   Druckstoffe Barcelona Blumen in Bunt, Weiß-Bunt und Weiß-Bleu und Kreisel in Bleu-Weiß

S. 49, Badenixen Dodo und Dieter   Druckstoffe Prinzessin kbA in Rot-Weiß gestreift, Webstoffe Uni in Beige, Webstoffe Pompadour Cortina in Beige

S. 51, Maritime Badezimmermatte   Druckstoffe Barcelona Blumen in Weiß-Bleu und Kreisel in Bleu-Weiß, Druckstoffe Prinzessin in Weiß-Rot getupft und Prinzessin kbA in Rot-Weiß getupft, Druckstoffe Uni in Weiß, Wirkfrottee in Natur

S. 53, Romantisches Lavendelsäckchen   Druckstoffe Barcelona Blumen in Bunt und Weiß-Bleu und Kreisel in Bleu-Weiß, Webstoffe Landhausstil in Rosa, Druckstoffe Junge Linie in Rot-Rosa getupft

S. 55, Wärmflaschenhülle Frosch   Webstoffe Amsterdam in Grün, Webstoffe Cornwall in Bunt kariert, Webstoffe Landhausstil in Weiß-Gelb kariert

S. 57, Siggi, die Schlafmütze   Webstoffe Cambridge in Blau-Weiß gestreift, Webstoffe Uni in Natur und Beige, Druckstoffe Junge Linie unregelmäßige Punkte in Rot-Weiß

www.westfalenstoffe.de

Stefanie Thomas und Heike Roland

Angefangen hat alles 1996. Damals lernten sich Heike Roland und Stefanie Thomas durch ihr gemeinsames Hobby, das Bärenmachen, auf einer Künstler-Teddybären-Messe kennen. Fortan reisten sie zusammen mit Ihren Familien und den lustigen Petzen zu Verkaufsveranstaltungen in Deutschland, Österreich, England und den USA. Irgendwann war das „Bärenfieber" abgeklungen, aber dafür sprudelten zahllose neue kreative Ideen. Seither wird viel gesägt, gebohrt, gemalt, geschnipselt, geklebt, gefilzt und – genäht. Mitte 2004 erschien ihr erstes Buch im frechverlag.

Weitere lustige Designs von Heike Roland und Stefanie Thomas finden Sie unter: www.black-sheep-company.de

HILFESTELLUNG ZU ALLEN FRAGEN, DIE MATERIALIEN UND BASTELBÜCHER BETREFFEN: FRAU ERIKA NOLL BERÄT SIE. RUFEN SIE AN: 05052/911858*

*normale Telefongebühren

IMPRESSUM

Wir danken der Firma Westfalenstoffe AG für die Unterstützung bei diesem Buch: Westfalenstoffe AG, Münster, www. Westfalenstoffe.de

PROJEKTMANAGEMENT: Eva Hentschel

LAYOUT: Petra Theilfarth

FOTOS: frechverlag GmbH, 70499 Stuttgart

DRUCK UND BINDUNG: Korotan d.o.o., Ljubljana, Slowenien

Auflage:	5.	4.	3.	2.	1.	
Jahr:	2013	2012	2011	2010	2009	[Letzte Zahlen maßgebend]

© 2009 frechverlag GmbH, 70499 Stuttgart

ISBN 978-3-7724-6593-2

Best.-Nr. 6593